Heidi Grund-Thorpe

Chic mit
TUCH & SCHAL

Heidi Grund-Thorpe

Chic mit TUCH & SCHAL

Bassermann

Tücher und Schals – mehr als eine Mode

Tücher und Schals sind immer im Trend! Jedes schlichte oder klassische Outfit wird mit dem entscheidenden Quäntchen Raffinesse eines lässig gebundenen Tuchs zum modischen Highlight, ohne dass Sie in jeder Modesaison ein Vermögen für den neuesten Trend ausgeben müssen.

Diese Kunst, mit einem Accessoire wie einem Tuch oder Schal Ihrem Outfit den modischen Anstrich zu geben, haben Sie schnell gelernt und werden Sie in kürzester Zeit beherrschen. Die verschiedenen Knoten zu binden macht Spaß. Spaß beim Experimentieren mit den Bindetechniken und Spaß beim Ausprobieren der modischen Wirkung. Lassen Sie sich ruhig dazu verführen, nicht nur den Hals und das Dekolleté, sondern auch etwas extravaganter die Taille zu betonen. Spielen Sie dabei mit den Farben der Stoffe und den Knotentechniken, so werden Sie schnell noch weitere, ganz individuelle Kombinationen kreieren.

Ganz nebenbei haben Schals und Tücher auch eine wärmende Funktion, die weitaus dekorativer ist als eine dicke, unförmige Jacke oder ein Mantel. So können Sie gerade in der Übergangszeit Blazer und Jacken länger tragen. An kühleren Sommerabenden ist es dagegen sehr reizvoll, sich einen Schal dekorativ um die Schulter zu drapieren; so wird aus einem schlichten Shirt oder Kleid ein aufsehenerregendes Outfit.

Probieren Sie aus, was Ihnen gefällt, sicher freunden Sie sich schnell mit Ihrem neuen Erscheinungsbild „modisch und experimentierfreudig" an. Ich wünsche Ihnen dabei viel Freude!

Die Wirkung der Farben

Stil und Selbstsicherheit

Wenn man in der Lage ist, fremde Sprachen, mathematische Formeln und physikalische Gesetze zu erlernen, ist es doch ein Vielfaches leichter, herauszufinden, wie Sie sich selbst ins beste Licht rücken, denn Stil und Stilsicherheit kann man lernen.

Nicht nur im Beruf zeichnet sich die Frau von heute durch Kompetenz aus, sie bestimmt auch selbstbewusst über ihr Aussehen und damit ihr Befinden. Denn nur, wer sich in seiner Haut rundum wohlfühlt, hat auch ein sicheres und überzeugendes Auftreten.

Um stilsicher zu werden, erfahren Sie zuerst etwas über Farben und welcher Farbtyp Sie selbst sind. So können Sie in Zukunft ganz gezielt Ihre Garderobe und die Accessoires in Ihren Farben einkaufen und vermeiden kostspielige und letztlich unbefriedigende Fehlkäufe.

Farbvorlieben

Der Hauptgrund, warum wir uns selbst manchmal mit Farben umgeben, die nicht zu uns passen, ist, dass jeder bestimmte Farbvorlieben hat. Leider entsprechen diese Favoriten nicht immer den Farben, die mit unseren Grundtönen harmonieren. Eine zitronengelbe Bluse, von der Sie magisch angezogen werden, weil die Farbe freudige Assoziationen bei Ihnen auslöst, kann Ihren warmen Hautton vollkommen krank aussehen lassen. Beim Blick in den Spiegel verliert das Gesamtbild leider jegliche Magie, und Ihre Stimmung ist getrübt.

Eine große Rolle bei der Auswahl von Farben spielt natürlich auch die Beinflussung durch die Mode. Überall sind die aktuellen Modefarben zu sehen, man wird mindestens zweimal im Jahr von den neuesten Trends wie von einer Welle erfasst und manchmal auch davon überrollt. Lassen Sie sich von diesem Diktat nicht zu teuren Fehlkäufen verführen, es sei denn, Sie sind überzeugt, dass Sie die Farbe brauchen.

Palette der kühlen Farbtöne

Kalte und warme Farben

In der Farblehre unterscheidet man zwischen warmen und kalten Farben. Um Ihnen die Beurteilung zu erleichtern, sind oben die kalten Farben und unten eine Palette der warmen Farben dargestellt. Wie Sie sehen, gibt es sowohl warme als auch kalte Gelb-, Rot- und Grüntöne, es kommt es nur auf die Nuance an: In beiden Farbreihen sind Gelb-, Rot- und Grüntöne vertreten. Sie unterscheiden sich lediglich durch ihre Farbmischung.

Generell kann man sagen, warme Farben entstehen durch einen Mix mit Gelb oder Rot beziehungsweise beiden Farben, kühle dagegen sind immer mit Blau vermischt. Schulen Sie Ihren Blick, und Sie werden nach einiger Zeit feststellen, dass Sie Warm und Kalt ganz leicht erkennen können.

Was diese Farbskalen, die natürlich keinesfalls vollständig sind, auch verdeutlichen, ist, dass Sie auf keine Farbe verzichten müssen. Denn schließlich kann ein Farbtyp der kühleren Farben mindestens genauso viele verschiedene Farben tragen wie ein Farbtyp der wärmeren Farben.

Wenn Sie erst einmal gemerkt haben, dass Sie mit einigen Farben gut, aber mit anderen einfach viel besser aussehen, können Sie sicher sein, dass sich das auch auf Ihr ganz persönliches Wohlbefinden auswirkt. Zum Spektrum der geeigneten Farben gehören natürlich alle Farben, die Sie direkt umgeben, also der Kleidung, des Make-ups und vor allem auch der Haare.

Nicht Ihre Kleidung, sondern Sie selbst sollen wirken!

Palette der warmen Farbtöne

Sanfte Töne des Frühlingstyps

Einteilung der Farbtypen nach den Jahreszeiten

Wie so vieles kommt die Idee der Farbberatung mit der Gliederung in Frühlings-, Sommer-, Herbst- und Wintertyp aus den USA. Sie hat allerdings nichts mit dem Monat, in dem Sie geboren sind, zu tun.

Die Einteilung entspricht den Farben der Natur in den jeweiligen Jahreszeiten. Stellen Sie sich einmal eine Landschaft im Frühling vor, mit dem sanften, aber frischen Grün der Wiesen und den vielen Frühlingsblumen, die ganz klare Farben haben, aber auch die Wärme der Sonne widerspiegeln, die das Leben in der Natur nach dem Winterschlaf neu erweckt. Diese Farben haben eine leichte und warme Tönung.

Im Gegensatz dazu stehen die zwar ebenfalls warmen, aber kräftigen Nuancen des Herbstes. Erdige Braun- und Goldtöne spielen hier eine größere Rolle. Die Blätter treten den Wechsel vom dunklen Grün zum Farbspiel in allen Rotbraun- und Orangetönen an. Hagebutten und Brombeeren leuchten in sattem Orangerot und Braunviolett.

Die Sommerzeit dagegen beschert uns mattere und kühle Farben. Die Sonne lässt viele Blumen und auch Blätter verblassen, es liegt ein leichter Dunst in der Luft. Im Sommer gibt es besonders viele blaue Blumen im Garten, denken Sie an Rittersporn und Katzenminze, ebenso viele Abstufungen von Grautönen an Gräsern und Edeldisteln.

Im Winter überbietet sich die Natur in ihren Kontrasten: strahlend weißer Schnee, ein kräftiger blauer, aber eiskalter Himmel und die dagegen fast schwarz aussehenden kahlen Äste der Bäume. Auch das Immergrün der Nadelbäume wirkt noch intensiver.

Klare Farben für den Wintertyp

Wie finde ich meinen Farbtyp?

Haut, Haare und Augen sind der Ausdruck Ihrer Persönlichkeit und bestimmen damit auch Ihren ganz persönlichen Farbtyp.

Warmes Rosé oder Apricot ist mit Gelb getönt

Kühles Rosé oder Pink ist mit Blau getönt

Entscheidend für die Zuordnung ist die Beurteilung des Grundtons Ihrer Haut. Ist die Haut warmgolden getönt oder hat sie einen kühlen, bläulichen Unterton? Das lässt sich dann beantworten, wenn Sie den folgenden Test mit einem bläulichen und einem gelblichen Roséton machen. Dazu kaufen Sie sich im Schreibwaren- oder Bastelladen zwei Bögen Tonpapier. Zum Testen ist ein heller Platz mit Tageslicht, aber ohne direkte Sonneneinstrahlung geeignet, am besten in einem Zimmer mit Nordfenster. Künstliches Licht, ob von Neon-, Halogenlicht oder Glühbirnen, verfälscht das Resultat. Setzen Sie sich ungeschminkt vor einen möglichst großen Spiegel, und tragen Sie dabei ein rein weißes Oberteil. Wichtig ist, dass das Weiß nicht gelblich oder bläulich getönt ist. Sind Ihre Haare getönt, dann kämmen Sie diese ganz fest aus dem Gesicht.

Nun halten Sie eines der beiden Tonpapiere direkt unter Ihr Kinn und beobachten dabei gleichzeitig im Spiegel, wie sich Ihr Gesicht verändert. Wirkt es frisch und gesund, oder aber müde und leicht abgespannt? Betrachten Sie sich eine Zeit lang, dann nehmen Sie den anderen Bogen und stellen sich dabei die gleichen Fragen.

Wichtig ist, dass Sie Ihr Gesicht im Spiegel betrachten, nicht die Farbe selbst. Vermeiden Sie auch, Ihre Vorlieben bzw. Abneigungen gegen eine oder beide Farben mit einfließen zu lassen. Wir testen hier ganz wertfrei, ob Ihnen kalte oder warme Farben besser stehen. Wahrscheinlich werden Sie diese Fragen nicht sofort beantworten können, lassen Sie sich daher Zeit, und probieren Sie immer wieder im Wechsel aus.

Ist es ganz klar, ob Sie zur kühlen oder wärmeren Farbgruppe gehören, dann schauen Sie sich bitte die Farbstreifen auf den Seiten der warmen Farbtypen, also Frühling und Herbst, bzw. die der kalten Farbtypen Sommer und Winter an.

Um hier nun die Unterschiede herauszuarbeiten, wäre es ideal, wenn Sie verschiedene Kleidungsstücke, Tücher oder Stoffreste in den Farben, die auf den Farbstreifen gezeigt werden, haben. Verfügen Sie nicht darüber, kaufen Sie wieder Tonpapier und zwar in den sich am stärksten widersprechenden Farben. Das sind beim Frühlings- und Herbsttyp Goldorange gegenüber kräftigem Lachsrosa, zartes Lindgrün gegenüber tiefem Olivgrün. Die Gegensätze des Sommer- und Wintertyps zeigen sich am klarsten bei einem rauchigen Blau oder Jeansblau gegenüber einem leuchtenden Royalblau, aber auch in gedämpftem Blaugrün gegenüber einem kräftigen Blattgrün. Sortieren Sie Ihre Kleidung nach den Farbmustern, und probieren Sie, was Ihren Teint belebt und was ihn müde aussehen lässt.

Der Frühlingstyp

Frauen, die zu diesem Typ gehören, haben immer etwas Zartes und Zerbrechliches an sich, egal, wie groß sie sind. Ihre Haut hat einen gelblichen bis goldenen Unterton, sie ist im Grundton sehr blass und wirkt leicht transparent. Röten sich die Wangen, was recht häufig passiert, ist der Farbton pfirsichfarben-rosig. Eventuelle Sommersprossen haben immer einen goldfarbenen Ton. Frühlingstypen bräunen sehr leicht, die Bräune ist aber immer rötlich gold, niemals olivfarben getönt. Die Skala der möglichen Haarfarben reicht von Gelbblond, Flachsblond, Rotblond bis hin zu warmem Hell- oder Goldbraun. Wimpern und Augenbrauen weisen einen rötlichgoldenen Unterton auf. Die Augen sind klar und hell, graugrün oder hellbraun, meist liegen sie auf einer breiten Blaupalette, zum Teil mit goldfarbenen Einsprengseln.

Die Farben des Frühlingstyps

Helle und klare Farben kennzeichnen die Farbpalette des Frühlingstyps, alle stumpfen Töne fehlen auf seiner Skala. Besonders vorteilhaft sind entsprechend zarte und heitere Farben für Kleidung und Make-up.

- Grün: Grüntöne, die wirken, als würde die Sonne durch sie hindurchscheinen, wie Maigrün, Lindgrün und Apfelgrün betonen Ihren zarten Teint.
- Gelb: Warmes, aber helles und klares Gelb und Goldtöne haben die gleiche Wirkung.
- Orange: Vorsicht bei Orange! Sie sollten eher zu den sanfteren Nuancen greifen wie warmes Lachsrot, Apricot und Pfirsich, denn sie harmonieren optimal.
- Braun: Sehr elegant kleiden Sie die immer wieder aktuellen, klassischen Kamelhaartöne, überaus edel kombinieren Sie dazu Wollweiß und alle weichen Brauntöne.
- Blau: Helle, klare Blautöne, die leicht mit Rot abgetönt sind, ein helles aber weiches Türkis und Aquamarinblau gehören zu den Farbstufen, die Sie besonders kleiden.
- Violett: Dunkles Violett sollten Sie meiden, aber ein heller, warmer Fliederton unterstreicht die Transparenz Ihres Teints.

- Rot: Ihre Rottöne sollten immer mit Gelb abgetönt sein, dabei aber klar und am besten in hellen Abstufungen. Korallenrot ist der kräftigste empfohlene Rotton; ein sanftes Hummerrot betont Ihren Typ.
- Schwarz: Sollten Sie, wenn irgend möglich, wie überhaupt alle sehr dunklen Töne meiden, denn sie erschlagen Ihre Erscheinung. Diese Farben am besten nur als Teil eines Musters verwenden.
- Weiß: Mit einem reinen kühlen Weiß wirkt ein Frühlingstyp leicht älter, dagegen betonen Cremeweiß und Eierschalenfarben den Teint. Toll wirken diese Farben in leicht glänzendem Satin oder Seide.
- Grau: Wenn überhaupt, dann nur als zartes Silbergrau, besser noch sind beige getönte Graunuancen.

Der Sommertyp

Frauen, die in den nördlicheren Breitengraden leben, gehören häufig zu diesem variantenreichen Farbtyp, der manchmal etwas schwierig einzuordnen ist. Ihre Haut hat meist einen bläulich-kühlen Unterton mit rosig durchschimmernden Gefäßen, aber auch sehr blasse und hell-olivfarbene Haut kann beim Sommertyp vorkommen. Sommersprossen sind meistens grau- oder aschbraun, niemals goldbraun, ebenso die Augenbrauen. Hat der Sommertyp nicht einen ausgesprochenen Porzellanteint, dann bräunt er relativ leicht, aber nur bis zu einem hellen Haselnusston.

Die Haare geben bei vielen Sommertypen Anlass zu Farbexperimenten, da sie einen als langweilig empfundenen Aschton haben, der sich aber mit platin- oder silberfarbenen

Strähnen wunderbar aufpeppen läßt. Die Augenfarben sind kühl, viele Blaustufen sind darin zu finden von Graublau bis Blaugrün, manchmal aber auch Haselnussbraun.

Die Farben des Sommertyps

Verwaschene Farben betonen die Eleganz Ihrer Erscheinung, sie harmonieren mit dem leicht bläulichen Teint und den aschfarbenen Haaren. Lassen Sie die Finger von allen grellen Farben, Sie wirken nur müde und abgespannt damit.

- Grün: Vermeiden Sie Grüntöne, die einen Stich ins Gelbe haben. Dagegen unterstreichen alle bläulichen Grüntöne wie Petrol, Blaugrün, Türkis, Smaragdgrün Ihren Typ.
- Gelb: Breit gefächert ist die Farbpalette in den Gelbnuancen nicht, aber wenn es zu Ihren Lieblingsfarben gehört, müssen Sie trotzdem auf ein kühles Zitronengelb nicht verzichten.
- Orange: Diese grelle Farbe sollten Sie meiden!
- Braun: Eigentlich verhält sich Braun wie Orange, aber einige Nuancen, wie graugrundiges oder rosagetöntes Braun, z. B. Rosenholz oder das Braun von Bitterschokolade können Sie gut tragen.
- Blau: Hier ist die Skala ganz breit gefächert, denn jedes leicht rauchig abgetönte Blau steht Ihnen optimal. Der Sommertyp ist der absolute Jeanstyp, die dunkelste Farbe der Blaupalette ist ein verwaschenes Marine- oder Dunkelblau.
- Violett: Ein breites Spektrum der geeigneten Farben weist auch die Violettskala auf, hier dürfen Sie vom hellsten Flieder über Lavendel bis zum dunkelsten Violett greifen, immer vorausgesetzt es ist nicht knallig, sondern gedämpft.
- Rot: Mit der richtigen Mischung ist Rot ebenfalls eine passende Farbe, vermeiden Sie aber alle gelblichen Rottöne. Himbeerrot, Kirschrot, ein tiefes Weinrot und viele Pinktöne mit einem Stich ins Blaue sind bestens für Ihren Typ geeignet.
- Schwarz: Ein tiefes Schwarz ist in den meisten Fällen nicht vorteilhaft, es sei denn, Sie sind ein Mischtyp zwischen Sommer- und Wintertyp.
- Weiß: Reines, ungebrochenes Wieß ist zu hart und uncharmant, dagegen passt gut ein leicht rosiges oder gräulich getöntes Weiß.
- Grau: Sie können alle nicht zu schweren Grautöne wählen, die silbrig wirken oder mit pudrigem Rosa abgemischt sind, kombinieren Sie diese jedoch mit lebhafteren Farben.

Der Herbsttyp

Haar und Teint der Herbsttypen haben immer einen warmen, goldenen bis rötlichen Schimmer. Kennzeichnend gegenüber dem Frühlingstyp ist, dass sie nie ein natürliches Wangenrot haben. Bei einem helleren Hautton ist der Teint gleichmäßig und elfenbeinfarbig, ein dunklerer Teint ist eher rotgold getönt, Sommersprossen sind häufig. In der Sonne bekommt der hellhäutige Typ sehr schnell einen Sonnenbrand, der dunkelhäutige wird dagegen eher indianerrot. Braune Haare haben immer einen warmen Honigton, auch rote Haare sind immer auf der warmen Farbskala zu finden, also Karotten- bis Kupfer- und Kastanienrot. Die Augen sind klar und strahlen mit ganz intensiven Tönen ebenfalls vom hellsten bis dunkelsten Braun, manchmal mit goldenen Flecken.

Die Farben des Herbsttyps

Wie an einem sonnigen Tag im Herbst, so leuchten die Farben des Herbsttyps. Ein warmes Gold durchfließt alle Grün-, Braun- und Rotöne, und selbst zartere Farben sind auf der Skala zu finden. Kühle Farben sind als Ausnahme nur bei den Grünnuancen zu finden, aber die sollten immer mit warmen Farben kombiniert werden.

- Grün: Alle satten Olivtöne sind auf der Skala zu finden wie auch kräftiges Apfel- und Erbsengrün, außerdem Khaki, Russisch- und Tannengrün.
- Gelb: Herbsttypen erblühen mit goldenem Sonnen-, Senf- oder Messinggelb.

- Orange: Auch hier steht eine breite Palette zur Auswahl, besonders gut wirkt (nur an Ihnen!) ein richtig leuchtendes Orange.
- Braun: Alle Brauntöne sind ideal für die Herbsttypen. Die Palette beginnt bei einem warmen Beige über warmes Terracottabraun bis hin zum dunkelsten Nougat.
- Blau: Ausgeprägte Blauöne sind für den Herbssttyp weniger geeignet, am besten wählen Sie Petrol oder andere Mischungen mit Grünstich.
- Violett: Rötliches Violett wie Aubergine, Pflaumenblau und Rotviolett sind gute Kontraste zu einem kräftigen Teint, bevorzugen Sie dunkle und warme Töne.
- Rot: Alle warmen Rotöne wie Tomaten-, Karotten- und Kupferrot, auch Lachs und Apricot befinden sich auf der Farbpalette.
- Schwarz: Diese Farbe sollten Sie meiden, denn sie erschlägt Ihren goldenen Teint.
- Weiß: Besser als reines Weiß ist ein gebrochenes warmes Weiß oder Creme.
- Grau: Sollte, wenn überhaupt, nur eingesetzt werden, um Akzente zu setzen.

Der Wintertyp

Haut, Haare und Augen bilden hier extreme und klare Kontraste. Die meisten Südländerinnen, Asiatinnen und Frauen mit schwarzer Hautfarbe zählen zum Wintertyp. Beim hellen Wintertyp wirkt die Haut porzellanartig und kühl, dunklere Hauttypen zeigen einen kühlen, leicht olivfarbenen Unterton und bräunen schnell. Die Haare sind dunkelbraun bis Blauschwarz oder auch hell, bilden aber immer einen deutlichen Kontrast zur Haut. Die Augenfarben heben sich klar und kontrastreich vom Augenweiß ab, meistens ist die Iris intensiv Blau, Grün, Kühl-Grau oder Dunkelbraun bis Schwarzbraun.

Die Farben des Wintertyps

Die kühlsten und klarsten Farben sind das Kennzeichen der Farbskala für die Wintertypen. Auch ganz starke Kontraste, allen voran der Schwarz-Weiß-Kontrast, kleiden diesen Typ, denn er zeigt auch die stärksten Kontraste in Haut und Haaren.

- Grün: Greifen Sie zu klaren Grüntönen wie Apfel-, Blatt- und Flaschengrün.
- Gelb: Ein klares Sonnengelb oder ein kühles Zitronengelb sind ein guter Kombinationspartner für Violett und Blau.
- Orange: Dies ist nicht Ihre Farbe, Ausnahme ist ein kräftiges helles Rotorange kombiniert mit Knallgrün, dieser Kontrast ist nur für den Wintertyp tragbar.
- Braun: Auch Braun ist nur in den kühlen Bereichen zu empfehlen, und dann auch möglichst dunkel, wie dunkelste Zartbitterschokolade.
- Blau: Jedes kräftige Blau, das alle anderen Typen erschlagen würde, ist auf der Skala zu finden: Quietsch-, Enzian-, Royal- und Karibik-, gedeckter in Nacht- und Marineblau.
- Violett: Blau-, kühles Zwetschgen- und dunkles Violett sind Ihre Favoriten.
- Pink: Viele Pinktöne in kräftigen Variationen wie Himbeerpink, Fuchsia, Azalee, aber auch helles, kühles Eisrosa sind auf der Farbpalette vertreten.
- Rot: Alle klaren Rottöne wie Kirsch-, Rubin- und Scharlachrot betonen Ihre natürliche Farbgebung.
- Schwarz: Der einzige Farbtyp, der Schwarz tragen kann und darf, ist der Wintertyp.
- Weiß: Kaltes, bläuliches oder ungebrochenes Weiß ist ideal, auch mit Schwarz.
- Grau: Kühles Grau in vielen Abstufungen, aber immer mit bläulichem Unterton, bis hin zum dunkelsten Anthrazit sind ideale Basisfarben.

Vom Quadrat zum Schal

Wickelfaltung

Falten Sie das Tuch diagonal, dabei liegt die linke Stoffseite innen.

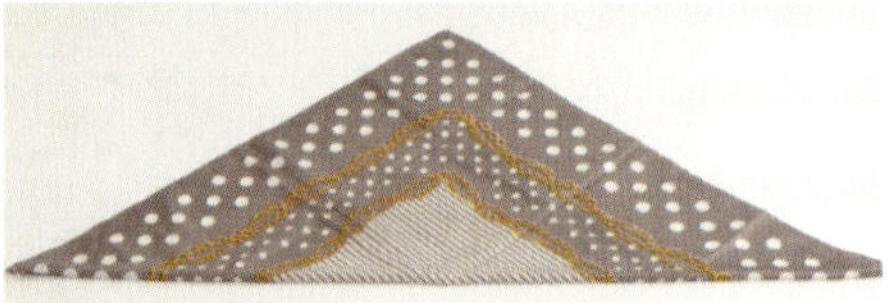

Klappen Sie die Kante der Diagonale etwa 5–8 cm breit über das Tuch.

Wiederholt die breite untere Querkante in 5–8 cm Breite über das Tuch falten, bis das Dreieck vollständig zum Schal gewickelt ist.

Diese Faltung ist einfach und schnell, dabei sind die Muster und Farben der Ecken gut sichtbar.

Klappfaltung

Falten Sie das Tuch diagonal, dabei liegt die linke Stoffseite innen.

Nehmen Sie die aufeinanderliegenden Ecken gegenüber der Diagonalen, und falten Sie diese nach unten bis etwa 1 cm vor die Diagonale.

Nun mit beiden Händen die oberen Ecken der kurzen Querkante fassen und diese auf ein Drittel oder bis zur Hälfte der Höhe über das Tuch nach unten falten. Die oberen beiden Ecken erneut fassen und in gleicher Breite wie vorher nach unten falten.

Bei dieser Faltung sind die Farben und Muster der Tuchmitte gut sichtbar.

Symmetriefaltung

Legen Sie das Tuch offen mit der linken Stoffseite nach oben. Ziehen Sie zwei gegenüberliegende Ecken bis zur (gedachten) Mittellinie.

Klappen Sie die untere und obere Querkante nacheinander bis auf die Mittellinie (Anstoßpunkt der Ecken). Ist das Tuch sehr groß, wiederholen Sie diese Faltung.

Klappen Sie beide Längskanten aufeinander, so erhalten Sie einen Schal.

Bei dieser Faltung kommen die Farben und Muster des mittleren Tuchbereiches besonders gut zur Wirkung.

Ziehharmonikafaltung

Klappen Sie die untere Kante 4–5 cm breit auf das Tuch.

Fassen Sie die aufeinandergelegten Kanten an der Seite, und schieben Sie diese in gleicher Breite wie vorher unter das Tuch.

Weiter die Kanten im Wechsel über und unter das Tuch falten, dabei halten Sie beidseitig die vorher eingelegten Falten fest.

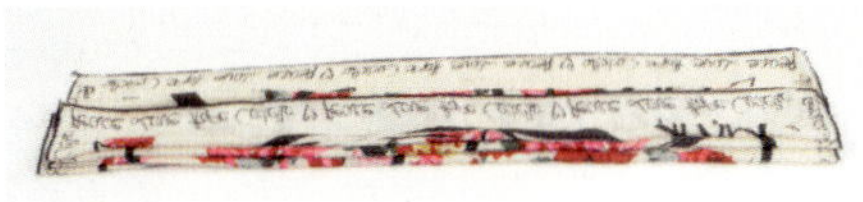

Mit der Ziehharmonikafaltung zeigt sich beim Binden hauptsächlich das Muster der rechten und linken Ränder.

Hilfsmittel

Gürtelschnallen aus Metall oder Kunststoff eignen sich besonders gut, um verschiedene Knoten zu fixieren.

Pierrotschleife und Herrenknoten

Traditionelles Paisleymuster mit kräftigem Rot und Violett kombiniert – dieses 140 x 140 cm große Karee ist ein Allrounder für viele Gelegenheiten.

Pierrotschleife

Tuchgröße 140 x 140 cm

1 Falten Sie das Tuch zum Schal (Ziehharmonikafaltung, S. 17) und legen Sie den Schal um den Hals.

2 Am Hals einen halben Knoten binden, ein Schalende leicht aufgefaltet zur Schulter, das andere zur Körpermitte ziehen.

Diese Knoten können Sie auch mit einem Schal binden.

Herrenknoten

Tuchgröße 140 x 140 cm

1 Falten Sie das Tuch zum Schal (Symmetriefaltung, S. 17). Binden Sie mittig einen lockeren Knoten, diesen vor die Halsgrube legen, die Tuchenden zum Rücken.

2 Führen Sie die Tuchenden über Kreuz wieder nach vorne.

3 Schieben Sie ein Tuchende durch das Innere des Knotens. Binden Sie mit den Enden einen festen, kleinen Knoten, diesen unter dem großen verstecken.

Webschlaufe

Filigrane Muster in dezenten Farben werden von einem kräftigen Rand in Violett gerahmt. Die Art der Faltung bestimmt die farbliche Wirkung von Hell bis Dunkel.

Webschlaufe

Tuchgröße 140 x 140 cm

1 Legen Sie das zum Schal gefaltete Tuch als Schlaufe um den Hals , und schieben Sie beide Tuchzipfel durch die Schlaufe.

2 Ziehen Sie die oben liegenden Schalhälfte der Schlaufe nach unten, sodass eine Öffnung entsteht.

3 Stecken Sie einen Schalzipfel unter dem Schlaufenteil, das am Hals anliegt, durch, und ziehen Sie es durch die Öffnung der Schlaufe.

Steckschlinge

1 Falten Sie das Tuch zum Schal (Symmetriefaltung, S. 17). Falten Sie den Schal quer zur Hälfte, und legen Sie diesen um den Hals. Die Schlaufe liegt in Brusthöhe.

2 Schieben Sie die beiden Tuchzipfel durch die Schlaufe.

3 Schieben Sie die Schlaufe bis an den Hals.

Diese Knoten können Sie auch mit einem Schal binden.

Kragendrapee

Den Lifestyle der Sixties drückt das extravagante Tuch aus fließender cremefarbener Seide mit dem farbstarken Rosendruck aus.

Peace Love Hope

Kragendrapee

Tuchgröße 90 x 90 cm

Grundfaltung

1 Falten Sie ein quadratisches Tuch quer zur Hälfte. Fassen Sie die aufeinanderliegenden Ecken links oben und rechts unten (Pfeile), und ziehen Sie diese als Diagonale auseinander.

2 So ergibt sich die Ausgangsfaltung für das Kragendrapee, die Ecke a legen Sie vor den Körper, die Ecke b liegt auf dem Rücken (Schritt 3).

Diesen Knoten können Sie auch mit einem Schal binden.

3 Legen Sie das vorgefaltete Tuch über eine Schulter, die Ecke a liegt vorne, die Ecke b auf dem Rücken.

4 Knoten Sie die Zipfel a und b auf der gegenüberliegenden Schulter.

5 Das Tuch durch Verschieben des Knotens seitlich (oben), in der Mitte vor der Halsgrube oder auf der Schulter (Foto rechts) drapieren.

love
peace

Halbe Knotenschlaufe

Das Tuch mit einer beliebigen Faltung zum Schal legen (S. 16 und 17) und mit einem halben Knoten anliegend um den Hals binden. Beim zweiten halben Knoten eine Seite des Schals nur bis zur Schlinge durchziehen und mit dem anderen Schalende im Knoten fixieren.

Asymmetrischer Schal

Das Tuch mit einer beliebigen Faltung (S. 16 und 17) zum Schal legen, mit einem halben Knoten anliegend um den Hals binden. Den Knoten seitlich auf die Schulter schieben, ein Schalende nach vorne herabhängen lassen, das zweite Ende auf den Rücken legen.

Eleganter Ausschnittknoten

Grafische Blumenmuster kombiniert mit geometrischen Formen zeigen gefaltet und geknotet immer wieder eine andere Wirkung.

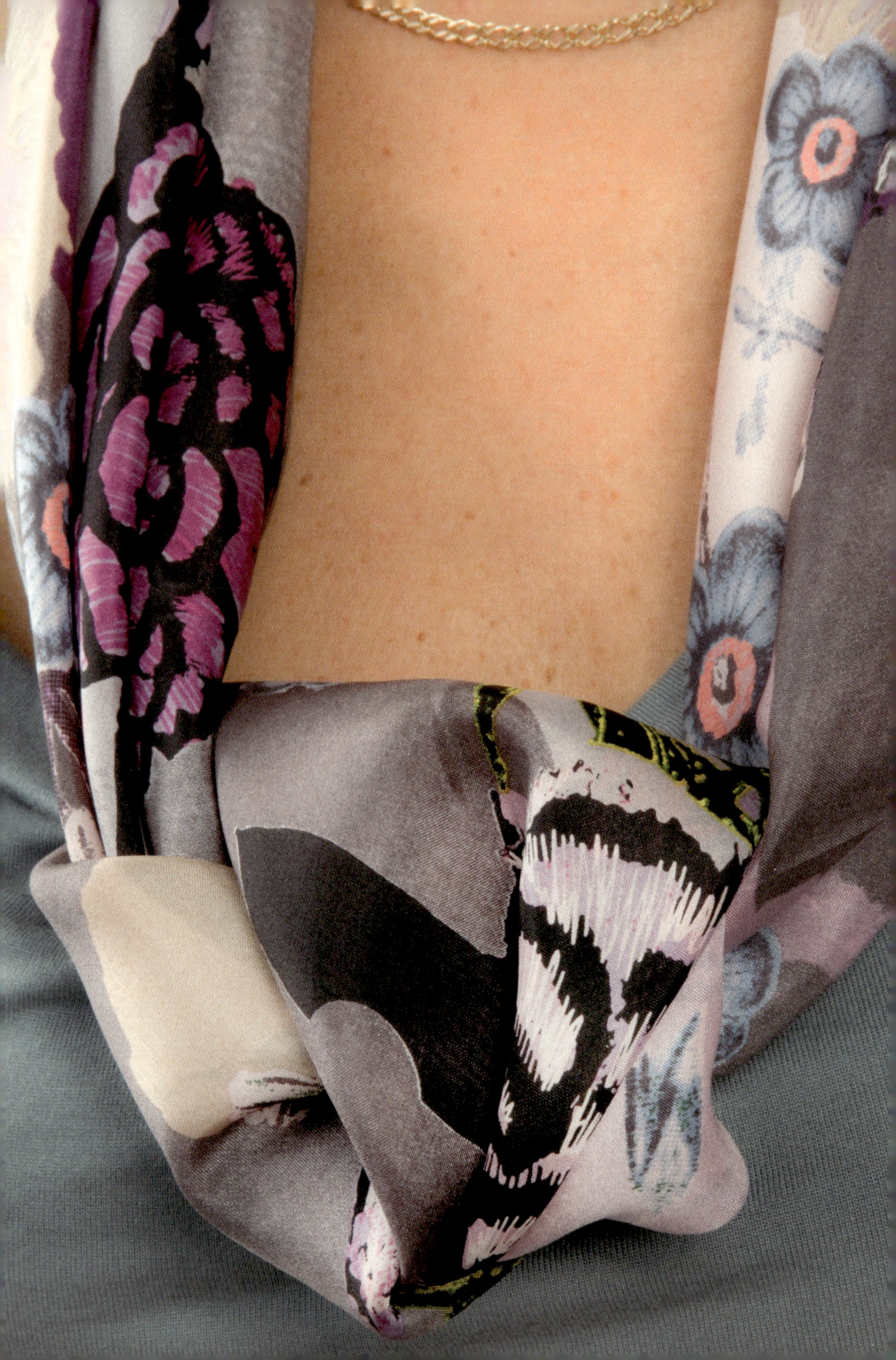

Eleganter Ausschnittknoten

Tuchgröße 90 x 90 cm

1 Falten Sie das Tuch zum Schal nach einer beliebigen Art (S. 16 und 17). Probieren Sie die verschiedenen Möglichkeiten aus, da sich farblich immer wieder eine andere Wirkung ergibt. Knoten Sie in der Schalmitte einen lockeren Knoten. Legen Sie den Knoten in den Ausschnitt, und führen Sie die Schalenden zum Genick.

2 Verknoten Sie die Schalenden im Rücken mit einem kurzen festen Knoten. Die Länge richtet sich danach, wie lang der Knoten im Ausschnitt herabhängen soll.

Diese Knoten können Sie auch mit einem Schal binden.

Schnelles Dreieck

1 Falten Sie das Tuch diagonal zur Hälfte, und führen Sie die beiden Schalenden zum Genick.

2 Verknoten Sie die Schalenden im Rücken mit einem kurzen festen Knoten. Die Länge richtet sich danach, wie lang das Tuch im Ausschnitt herabhängen soll.

Der Knoten bestimmt die Farbwirkung

Mit dieser Faltung dominieren die violetten Tuchränder des oben gezeigten Tuchs die Wirkung.

Falten Sie das Tuch in Ziehharmonikafaltung (siehe S. 17), und legen Sie das Tuch von hinten nach vorne um den Hals. Mit einem festen Knoten binden, die Enden auseinanderziehen.

Cowboytuch

Ein extravagantes Wolltuch, das durch die ungewöhnliche Kombination der Tierfellmuster mit Paisleys und die Farbzusammenstellung jedes unifarbene Outfit wirkungsvoll aufleben lässt.

Cowboytuch

Tuchgröße 140 x 140 cm und 90 x 90 cm

1 Falten Sie das quadratische Tuch diagonal zur Hälfte. Legen Sie das Tuch von vorne nach hinten symmetrisch um den Hals.

2 Überkreuzen Sie die Tuchzipfel im Nacken, und ziehen Sie sie wieder nach vorne.

Diese Knoten können Sie auch mit einem Schal binden.

3 Sie können die Zipfel über dem vorne herabhängenden Tucheck im Stil eines Westerntuchs verknoten.

4 Eleganter wirkt es, wenn Sie die Tuchzipfel unterhalb der herabhängenden Tuchecken verknoten.

Fließender Fall

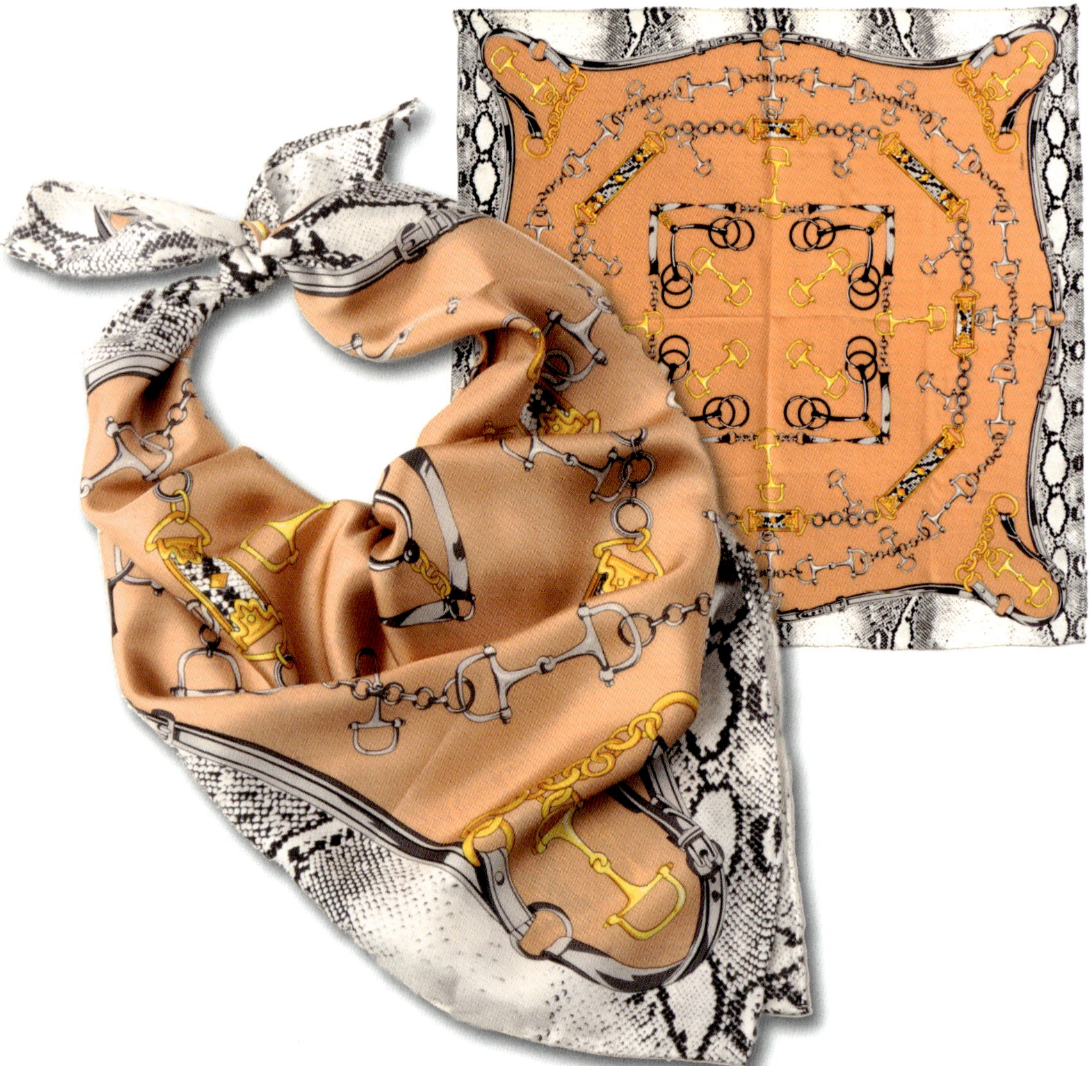

Trensenmotive und Schlangenhaut, dazu Goldtöne, Weiß und Schwarz – eine modische Hommage an klassische Karrees mit jugendlichem Pfiff.

Fließender Fall

Tuchgröße 90 x 90 cm

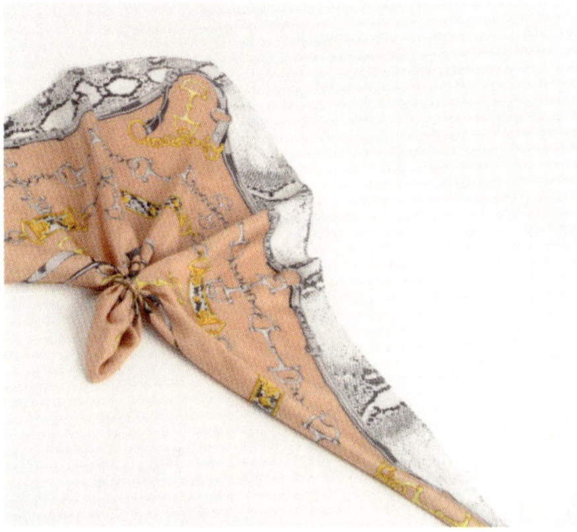

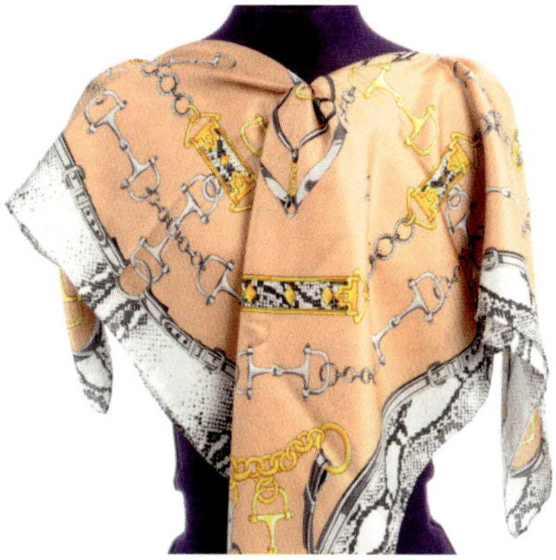

1 Falten Sie ein quadratisches Tuch diagonal zur Hälfte. Ziehen Sie aus der Mitte der Diagonale einen Zipfel heraus, und schieben Sie einen Ring darüber mit etwa 1,5 cm Ø, bis der Ring fest sitzt.

2 Legen Sie das Tuch von vorne nach hinten vor den Hals, dabei wird der Ring unter das Tuch geschoben.

3 Knoten Sie die Tuchzipfel im Nacken, oder legen Sie sie erneut nach vorne, und verknoten Sie sie vor dem Hals.

Hilfsmittel

Mit einem schlichten Ring lassen sich Tücher dekorativ in Falten legen. Der Durchmesser des Rings sollte auf das Material bzw. die Dicke des Tuchs abgestimmt sein. Je dicker der Stoff, umso größer der Durchmesser. Als Ring eignen sich Schmuckringe, die Sie nicht mehr tragen, ein einfacher Schlüsselring tut's aber auch. Haben Sie keinen Ring, probieren Sie als Alternative einen dünnen Haargummi.

Kreativer Wasserfall

Eine Liebeserklärung an Paris und die Liebe ist das verspielte und farbenfrohe Seidentuch.

Kreativer Wasserfall

Tuchgröße 90 x 90 cm

1 Falten Sie ein quadratisches Tuch zur Hälfte als Rechteck. Stecken Sie eine Ecke an der Bruchkante von hinten nach vorne durch eine Gürtelschnalle, führen Sie den Zipfel über den Mittelsteg und erneut nach hinten. Einen etwa 10 cm langen Zipfel durchziehen. Legen Sie das Rechteck von hinten nach vorne um den Hals, dabei liegt der Bruch des Tuchs auf der Schulteraußenseite, der Zipfel mit Gürtelschnalle auf einer Brustseite, die aufeinanderliegenden Ecken der gleichen Tuchkante an der anderen Brustseite.

2 Nehmen Sie die oben liegende Tuchecke auf der Brust, und führen Sie auch diese Ecke wie vorher beschrieben in gleicher Richtung durch die Gürtelschnalle.

3 Ziehen Sie den Tuchzipfel über dem Steg leicht an, sodass eine kleine Schlaufe entsteht. Fassen Sie das Tuch ungefähr in der Mitte an der vorderen, gerade herabhängenden Kante, und formen Sie einen kleinen Zipfel. Stecken Sie diesen Zipfel durch die Schlaufe über dem Steg in beliebiger Länge. Gefällt Ihnen der Wasserfall, dann ziehen Sie die Schlaufe am Steg fest, so wird die Drapierung fixiert.

Legerer Mustermix

Drei Materialien, drei Muster – ein außergewöhnlicher Schal, der sich vom lässigen Freizeitlook bis zum klassischen Businessstyle als Allrounder binden lässt.

Legerer Mustermix

Schalgröße 60 x 160 cm

1 Legen Sie den Schal von vorne nach hinten um den Hals, dabei wird er quer in lockere Falten gelegt.

2 Führen Sie die Schalenden im Nacken über Kreuz und wieder nach vorne. Ziehen Sie die quer liegenden Falten vor dem Hals in einen leichten Bogen nach unten.

3 Nehmen Sie die inneren Tuchecken der herabhängenden Schalenden. Führen Sie die Ecke des rechten Schalendes nach links hinten, gleichzeitig die Ecke des linken Schalendes nach rechts hinten. Verknoten Sie beide Ecken im Nacken mit einem kurzen, festen Doppelknoten. Drapieren Sie die aufeinanderliegenden Stofflagen nach Belieben.

Variante im Mustermix – Steckschlinge

Das nebenstehende Foto zeigt den gleichen Schal, kombiniert zu einem eleganten Nadelstreifenkleid. Um die etwas strengere Wirkung aufzulockern, wird der Schal nach der Faltung von S. 25 dazu darüber gebunden. Die traditionellen Muster des patchworkähnlichen Schals wie das Madraskaro, die Paisleys und der Steigbügeldruck auf Seide ergänzen die Nadelstreifen klassisch, aber extravagant.

Einfacher Krawattenknoten

Der große Wollschal mit Tierfelldruck und der auffälligen, pinkfarbenen Beschriftung wird lange Zeit Ihr modischer Begleiter, denn er lässt sich vielseitig verwenden.

Einfacher Krawattenknoten

Schalgröße 70 x 200 cm

1 Falten Sie den Schal der Länge nach zweimal aufeinander. Legen Sie den Schal von hinten nach vorne um den Hals, dabei überkreuzen Sie vorne die Schalenden in Brusthöhe.

2 Ziehen Sie die oben liegende Schalhälfte hinter der darunterliegenden waagerecht zur Seite.

3 Ziehen Sie diese Schalhälfte dann über die herabhängende Schalhälfte waagerecht zur gegenüberliegenden Seite.

4 Führen Sie dieses Schalende unter dem Schal durch, der am Hals auf der gleichen Körperseite liegt, und ziehen Sie ihn senkrecht nach oben.

5 Lockern Sie den Schalabschnitt, der waagerecht vor der Brust liegt, zur kleinen Schlinge, und stecken Sie das von oben kommende Schalende durch diese Schlinge. Das Schalende so weit festziehen, bis der Krawattenknoten sitzt.

Schnelle Weste

Ob mit oder ohne Blazer, die Weste kann sich sehen lassen. Im Handumdrehen ist ein Kleid mit Blazer vom Business zum extravaganten Abendoutfit aufgepeppt.

Den Schal von hinten nach vorne um den Hals legen, die Enden können gleich oder verschieden lang herabhängen. Ziehen Sie den Schal in Taillenhöhe locker bis zur Seite auseinander, und fixieren Sie die Fältchen mit einem passenden Gürtel.

Schicke Schleife

Der Schal mit den wie aufgepinselten Mustern in kräftigen Farben wirkt durch längs laufendes Crinkle-Plissee weniger voluminös und breit.

Schicke Schleife

Schalgröße 60 x 140 cm

1 Mit einem Bikiniverschluss (alternativ auch Gürtelschnalle mit Steg) lässt sich der Knoten einer Schleife, der eher dicker wird, vermeiden. Legen Sie den Schal von hinten nach vorne um den Hals. Die Enden ungleichmäßig lang herabhängen lassen. Nehmen Sie in Brusthöhe eine Schalhälfte doppelt, und stecken Sie sie als Schlinge durch eine Seite des Verschlusses, bis die Schleife groß genug ist.

2 Die andere Schalseite ebenfalls durch die zweite Verschlusshälfte schieben, sodass beide Schleifenhälften gleich groß sind. Mit dem Verschluss haben Sie die Möglichkeit, dass Sie die Schleife abnehmen können, ohne sie zu lösen.

Schleife mit Nickituch

Ein kleineres Tuch (40 x 40 cm) lässt sich ebenfalls mit Hilfsringen leicht zur Schleife binden. Für einen Knoten wäre ein Tuch dieser Größe zu kurz.

Halbe Schlaufe

Ein Patchworkschal in Grau und Schwarz mit kleinen Mustern in Pink, Violett und hellem Türkis bringt Ruhe in ein Outfit.

Halbe Schlaufe

Schalgröße 60 x 240 cm

1 Falten Sie den Schal längs 2 bis 3-mal aufeinander, und legen Sie ihn von hinten nach vorne mit verschieden langen Enden um den Hals.

2 Legen Sie das oben liegende Schalende um das unten liegende, und führen Sie es hinter diesem nach oben und zur Mitte nach unten.

Tipp zur Farbgestaltung

Der schwarzgrundige Schal mit den kleinen Mustern in Pink und Mint ist auf den ersten Blick kein Farbklecks. Trotzdem betont er das aquablaue Kleid mit dem Cardigan stärker als ein Schal mit starkem Farbkontrast, denn Grau und Schwarz bringen Farben zum Leuchten. Die gesamte Farbwirkung ist dabei harmonisch und ruhig. Auch Weiß bringt Farben zum Leuchten mit der Betonung auf eine frische und sommerliche Farbigkeit.

3 Binden Sie den Schal nach Schritt 1–2. Das oben liegende schwarze Schalteil waagerecht über das graue legen, dabei eine kleine Schlaufe bilden. Weiter hinter dem herabhängenden Schal ziehen und mit einer Schlinge durch die Schlaufe nach vorne stecken. Den unten liegenden herabhängenden Schal festhalten und gleichzeitig die Schlaufe mit dem dadurch entstehenden Knoten fixieren.

4 Ziehen Sie die Schlaufe in beliebiger Länge, und drapieren Sie sie flach liegend auf dem unteren Schalende.

Diese Knoten können Sie auch mit einem großen Tuch binden.

Doppelt gewickelter Krawattenschal

Der mit Spitze eingefasste Schal wirkt wie eine asiatische Tuschezeichnung, Rosé-Violett-Schwarz-Töne zeigen sich betont zurückhaltend.

Doppelt gewickelter Krawattenschal

Schalgröße 50 x 200 cm

1 Falten Sie den Schal längs so oft aufeinander, bis er die gewünschte Breite hat. Symmetrisch von vorne nach hinten und erneut nach vorne um den Hals legen.

2 Die vorderen Enden des Schals über Kreuz legen.

3 Den oben liegenden Schal seitlich in Höhe des Kreuzes festhalten, mit der anderen Hand waagerecht als Schlaufe zur Seite ziehen.

4 Dieses Ende hinter dem darüberliegendem Schal durchstecken und nach oben vor das Gesicht ziehen. Weiter nach unten durch die Schlaufe stecken und locker anziehen.

Schleife statt Krawatte

1 Führen Sie Schritt 1 durch, und binden Sie einen halben Knoten. Ein herabhängendes Ende von der unteren Kante her in Ziehharmonikafalten bis zum Knoten legen.

2 Wickeln Sie das zweite Schalende über die quer gelegten Falten, und ziehen Sie ihn hinter dem Schal am Hals durch nach unten.

Diese Knoten können Sie auch mit einem großen Tuch binden.

3 Bevor Sie die Schlinge am Hals festziehen, verknoten Sie das Schalende in der Schlinge, anschließend anziehen.

Schmeichelnder Kragen

Schals sind sehr vielseitig, auch der große, ausladende Kragen lässt sich damit binden. Statt zu binden, können Sie den Schal auch mit einem kleinen Ring drapieren, das ist besonders bei dickeren Stoffen einfacher.

Schalgröße 50 x 200 cm

1 Legen Sie den Schal offen von hinten nach vorne um den Hals. Die seitlichen Schalkanten hängen über die Schultern herab.

2 Ziehen Sie in Brusthöhe von einer Schalkante einen Zipfel durch einen Ring.

3 ZiehenSie von der zweiten Schalkante einen etwa gleich großen Zipfel durch den Ring. Ist der Stoff sehr dünn, können Sie die Zipfel auch miteinander verknoten.

Schlauchdrapee

Der Schlauch aus feinem Viskosegewebe schmiegt sich um den Hals, formt den Ausschnitt oder lässt sich auch als Kopfbedeckung drapieren.

Schlauchdrapee

Schalschlauch, ca. 70 x 70 cm (doppelt gelegt)

1 Schieben Sie den Schlauch zusammen, und legen Sie ihn um den Hals. Vorne in Brusthöhe den Schlauch überkreuzen.

2 Eine Seite des Schlauchs erneut um den Hals legen, sodass er ziemlich nah am Hals anliegt.

3 Verdrehen Sie den herabhängenden Schlauch vorne mehrmals miteinander, und stecken Sie diesen Teil von hinten nach vorne um den Schal, der am Hals anliegt.

Diesen Knoten können Sie auch mit einem Schal binden.

Kabriotuch mit Schlauch

Selbst wenn Sie kein Kabrio haben, chic wirkt der Schlauch in jedem Fall, besonders mit einer Sonnenbrille im Stil der 60er-Jahre. Eine schöne Kopfform trotz des herabhängenden Tuchs kreieren Sie mit einer Haarklammer oder einem Haargummi. Binden Sie die Haare am Hinterkopf zum Pferdeschwanz zusammen, oder klammern Sie sie mit einer Haarkralle oben fest.
Legen Sie den Schlauch offen um den Kopf (Schritt 1, oben), und verdrehen Sie die herabhängenden vorderen Enden. Die Schlinge vorne weit öffnen und über den Kopf nach hinten führen, hinten herabhängen lassen.

Kreuzschlinge

Leicht wie ein Hauch schmiegt sich das große Patchworktuch, das aus vier verschiedenen Mustern besteht, um den Hals ohne aufzutragen.

Links wurde das Tuch (90 x 90 cm) einmal in Brusthöhe überkreuzt, unten ist der Knoten voluminöser durch die doppelte Kreuzung mit dem großen Tuch (140 x 140 cm).

Eine anderen Farb- und Mustereffekt zeigt der Knoten im Gegensatz zur vorherigen Seite, wenn das Tuch von den anderen Enden her aufeinandergefaltet wird.

Kreuzschlinge

Tuchgröße 90 x 90 cm – 140 x 140 cm

1 Falten Sie das Tuch zum Schal nach einer beliebigen Art (S. 16 und 17). Probieren Sie die verschiedenen Möglichkeiten aus, da sich farblich immer wieder eine andere Wirkung ergibt. Das Tuch von hinten nach vorne symmetrisch um den Hals legen.

2 Überkreuzen Sie die Tuchenden vorne in Brusthöhe; einmal, wenn der Schal flach anliegen soll, oder zweimal, wenn der Schalknoten etwas voluminöser sein darf.

3 Ziehen Sie die Tuchenden nach hinten in den Nacken, und binden Sie diese dort mit einem kurzen Doppelknoten. Den Knoten schieben Sie unter das Tuch.

Diesen Knoten können Sie auch mit einem Schal binden.

Elegante Weste

Tuchgröße 90 x 90 cm – 140 x 140 cm

Dekorativ und figurschmeichelnd sowie bei Bedarf sogar wärmend ist das Tuch, das zur flatternden Weste gebunden wird.

1 Falten Sie das Tuch quer zur Hälfte mit den linken Stoffseiten nach innen aufeinander.

2 Verknoten Sie die aufeinanderliegenden Tuchecken an beiden Seiten mit einem kleinen, festen Knoten.

3 Legen Sie das auseinandergezogene Tuch von hinten nach vorne um die Schultern, und stecken Sie die Hände durch die beiden „Ärmel", die durch die verknoteten Tuchecken entstanden sind, locker um die Schultern drapieren.

Sommerliches Seidentop

Sommerliches Seidentop

Tuchgröße 90 x 90 cm

Elegant, dabei einfach und schnell ist das schulterfreie Top mit einem quadratischen Tuch gebunden. Dabei kommen symmetrische Muster des Tuchs besonders gut zur Geltung.

1 Schieben Sie auf der Rückseite des Tuchs etwa 10 cm oberhalb des Mittelpunkts einen kleinen Ring über einen etwa 10 cm langen Tuchzipfel. Die beiden Tuchecken rechts und links oberhalb des Rings hinten um den Hals binden, der Ring mit dem Zipfel ist dem Körper zugewandt.

2 Die beiden unteren Tuchecken mit den Händen zum Rücken führen, am besten Sie falten den unteren Tuchrand ungefähr 10 cm breit zu einer Art Bund um. Die Tuchenden im Rücken verknoten.

Extravagantes Abendtop

Ein Designermodell der Sommersaison – weit gefehlt: ein individuell geknotetes Tuch aus Ihrem Kleiderschrank wird zum exklusiven Einzelstück.

Tuchgröße 90 x 90 cm

1 Falten Sie ein quadratisches Tuch in der Diagonalen mit der linken Stoffseite nach innen zum Dreieck. Klappen Sie die beiden oberen Ecken etwa 5–8 cm breit auf die Rückseite. So ergibt sich eine Gerade. Unterhalb der Geraden in der Mitte eine Brosche einstecken, so ergibt sich ein Tunnel.

2 Ziehen Sie durch den Tunnel oberhalb der Brosche eine Kordel, eine Kette oder eine Lederschnur. Achten Sie darauf, dass die Kordel bzw. Schnur unter beiden Stofflagen verläuft. Das Band im Nacken verknoten.

3 Nehmen Sie die beiden seitlichen Tuchzipfel, und verknoten Sie sie in der Rückenmitte, dabei können Sie den Knoten in Taillenhöhe oder etwas darüber binden.

peace love

Wärmender Wollschal

Schalgröße 60 x 220 cm

Ein wärmender und dabei äußerst dekorativer Wollschal wird zum Ersatz für eine Jacke, die Stickerei wirkt dabei wie von Hand gemacht.

1 Legen Sie den Schal von hinten nach vorne um die Schultern. Ziehen Sie einen Zipfel in Brusthöhe von einer Kante weg, und stecken Sie diesen in einen großen Ring. Etwa 15 cm weit durchziehen.

2 Ziehen Sie einen weiteren Zipfel von der gegenüberliegenden Schalkante in Brusthöhe weg, und ziehen Sie ihn ebenfalls etwa 15 cm lang durch den Ring, dabei den ersten Zipfel mit dem Ring festhalten. Drapieren Sie die beiden Zipfel gleichmäßig lang und ähnlich wie eine Schleife. Nun können Sie die Schleife entweder an dieser Stelle lassen, auf die Schulter oder asymmetrisch auf die Seite schieben.

Der Klassiker – Jeans mit Hemdbluse

Ob im Büro, für den Einkaufsbummel oder für den Wochenendtrip – mit der weißen Hemdbluse und einer Jeans sind Sie immer gut angezogen.

Betonen Sie die klassischen Basics mit dem Fransentuch mit Schalfaltung unter dem Kragen (Foto links, → Vom Quadrat zum Schal, S.16 und 17). Zum Blickfang wird der Hemdkragenausschnitt mit dem weich fallenden Tuch (Foto oben Mitte → S. 45, Fließender Fall).

Die Taille rückt extravagant in den Mittelpunkt mit einem kleinen Tuch, das direkt in die Gürtelschlaufe geknotet wird (→ Vom Quadrat zum Schal, S. 16). Zum Gürtel wird ein größeres Tuch mit mindestens 90 x 90 cm oder ein 130 cm langer Schal.

Perfektes Duo – Jeans mit Blazer

Ein weißer oder cremefarbener Blazer über der Hemdbluse – so sind Sie im Büro perfekt gestylt, vor allem, wenn Sie das Outfit mit klassischen oder modischen Tüchern betonen.

Das kleine Tuch, einfach um den Hals gebunden, zieht den Blick auf sich (Foto links oben, → Schleife, Alternative, S. 61).

Das Seidentuch in Goldtönen schmiegt sich elegant um den Hals und füllt den Ausschnitt (Foto links unten, → Cowboyknoten, S. 38, 1–3).

Als modisches Highlight ist das farbige Wolltuch zum Schal (→ Symmetriefaltung, S. 17) gefaltet und leger um den Hals gelegt.

Das kleine Schwarze – farbig getoppt

Das kleine Schwarze gehört zu den Basics, die nie aus der Mode kommen. Je nach Lust und Laune können Sie es mit Tüchern und Schals variieren.

Schlicht und elegant mit dem cremefarbenen, zum Schal gefalteten Seidentuch, der Knoten liegt in Schulterhöhe, die Tuchenden vorne und auf dem Rücken (Foto links → Symmetriefaltung, S. 17).

Mit dem seitlich geknotetem Paisleykarree werden die Schultern dekorativ und bei Bedarf auch wärmend verhüllt (Tuch zum Dreieck falten und seitlich verknoten).

Für Konzert oder Oper drapieren Sie den asiatischen Schal mit einem Schalring über der Brust (Foto links oben → Schmeichelnder Kragen, S. 71).

Jugendlich und verspielt zur Schleife gebunden wird der bunte Schal, er ersetzt gleichzeitig ein Schmuckstück (Foto rechts → Schleife, S. 61).

Für eine elegante Sommerarbendparty wickeln Sie ein Tuch mit Quasten im Carmenstil um die Taille (Foto links unten, Tuch zum Dreieck falten).

Lady in Red – lässig betont

Viele Möglichkeiten zeigt das anliegende rote Jerseykleid.

Mit dem Tierfellschal als Krawatte setzen Sie sowohl modisch wie auch farblich einen Akzent (Foto links oben → Einfacher Krawattenknoten, S. 56).

Das geblümte Quastentuch wird lässig um den Hals geschlungen (Foto links unten → Cowboyknoten S. 41, 1–2, 4).

Der üppige Knoten betont den eckigen Ausschnitt (Foto unten → Herrenknoten S. 21), das gleiche Tuch zum Schal gefaltet (Foto oben → Schalfaltung S. 16 und 17), rückt die Taille unter dem Blazer in den Mittelpunkt.

1 Kleid, 1 Cardigan, viele Tücher

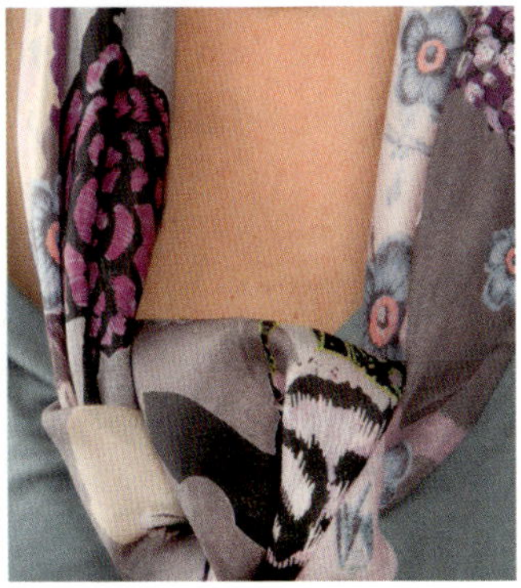

Mit Cardigan und Schal ist das Sommerkleid die perfekte Grundlage für eine Shoppingtour (Foto links oben → Halbe Schlaufe, S. 64).

Bürotauglich wird der geschlossene Cardigan mit dem zum seitlichen Knoten gebundenen Seidentuch (Foto rechts oben → Fließender Fall, S. 45).

Sommerlich betont für den Stadtbummel oder das Gartenfest wird das Kleid mit dem Tuch um die Taille (Foto Mitte unten → Pierrotschleife, S. 21) oder dem lang herabfallenden Knoten (Foto rechts unten → Eleganter Ausschnittknoten, S. 35). Etwas „angezogener" wirkt das Outfit mit dem doppelt umgelegten Schal (Foto links unten → Doppelt gewickelter Krawattenknoten, S. 68).

Wissenswertes zum Tuch

Farben, Muster und „Gefühl"

Allererstes Kriterium beim Kauf eines Schals oder Tuchs ist das Aussehen. Fällt Ihnen ein Tuch durch Muster oder Farbe besonders ins Auge, sollten Sie es zuerst zum Dreieck, Schal oder im Zickzack falten und einfach um den Hals legen. So sehen Sie auf Anhieb, ob das tolle Muster oder die ganz besondere Farbgestaltung auch wirklich zur Geltung kommt, oder ob nach dem Falten nichts mehr davon zu sehen ist. Wenn Sie das Tuch in Händen halten, werden Sie auch sofort spüren, ob es sich angenehm anfühlt. Ein kratziges Wolltuch, egal wie wirkungsvoll das Muster auch ist, wird Ihnen keinen Spaß machen, gehen Sie hier keine faulen Kompromisse ein. Denken Sie daran, dass gerade die Haut am Hals höchst empfindlich auf jeden noch so kleinen Reiz reagiert.

Edle Materialien

Reine Seide besticht durch einen luxuriösen, leicht schimmernden Glanz, einen angenehmen Griff und fällt in wunderschönen, weichen Falten. Den Kauf eines Seidentuchs werden Sie bezüglich des Materials nie bereuen.
Hauchfeine Wolle oder Mischungen aus Wolle mit Seide sind als Tücher und Schals nicht weniger interessant, sie bieten einen ebenfalls fließenden Fall aber darüber hinaus wärmen sie an kühlen Tagen. Die bekannteste Qualität ist das Pashmina, das aus 70 % Kaschmir und 30 % Seide besteht.
Auch Baumwolle als Popeline und Batist erhalten Sie in bester Verbeitung mit einem traumhaft seidigen Griff.
Viskose ist sehr anschmiegsam, sie hat den Nachteil, dass sie leicht knittert. Da Viskosetücher meistens sehr preisgünstig sind, spricht nichts dagegen, ein besonders modisches oder auffallendes Tuch, das nur eine Modesaison zum Einsatz kommt, aus diesem Material zu kaufen.
Mischungen aus Kunstfasern mit Wolle, Baumwolle oder Seide sind durchaus angenehm und vereinen die Vorteile der verschiedenen Materialien.

Die richtige Pflege

Beachten Sie unbedingt die Pflegehinweise auf dem Etikett. Hat es sich abgelöst, sollten Sie generell einen Schal oder ein Tuch mit Handwäsche und einem Fein- oder Wollwaschmittel in viel handwarmem Wasser waschen. Die Seife gut auswaschen – Seide wird besonders schön mit einem Schuss Essig im letzten Spülwasser – zum Trocknen glatt aufhängen und anschließend bügeln. Die Bügeltemperatur am Rand vorsichtig ausprobieren.

Scarves made with

ISBN 978-3-8094-2937-1

Projektleitung: Anja Halveland
Konzeption, Text, Illustration und Realisation: Grund-Thorpe.Design
Fotos: Inge Ofenstein
Umschlaggestaltung: Atelier Versen, Bad Aibling
Herstellung: Sonja Storz

FSC
www.fsc.org
MIX
Papier aus verantwortungsvollen Quellen
FSC® C020353

Verlagsgruppe Random House FSC®-DEU-0100
Das für dieses Buch verwendete FSC®-zertifizierte Papier *Profimatt*
liefert Sappi, Ehingen.

Druck und Bindung: Neografia, A.S., Martin
Printed in Slovakia
9817 2635 4453 6271